Inhalt

Basel II und die hohe Zahl von Unternehmensinsolvenzen eröffnen weiteren Handlungsbedarf im Controlling

Kernthesen

Beitrag

Fallbeispiele

Weiterführende Literatur

Impressum

# Basel II und die hohe Zahl von Unternehmensinsolvenzen eröffnen weiteren Handlungsbedarf im Controlling

M. Westphal

Kernthesen

- Unternehmenskrisen deuten sich mit einem gewissen Vorlauf an und müssen daher rechtzeitig erkannt werden.
- Dem Controlling kommt im Rahmen der (externen wie internen) Ratingprozesse eine wichtige Aufgabe zu.

- Es gibt verschiedene Vorgehensweisen, Unternehmensinsolvenzen rechtzeitig anhand der Jahresabschlussinformationen zu erkennen.

Beitrag

Die Anzahl der Insolvenzen steigt von Jahr zu Jahr. So wird für 2004 mit einem neuen Pleitenrekord gerechnet. Rund 40 000 Unternehmensinsolvenzen rücken das Thema "Insolvenzfrüherkennung" auf die Agenda jedes Unternehmens. (4)

Unternehmenskrisen deuten sich mit einem gewissen Vorlauf an und müssen daher rechtzeitig erkannt werden

Gerade Anteilseigner, Kreditgeber und Abschlussprüfer stellen sich aufgrund der hohen Anzahl an Insolvenzen stets die Frage, wie diese bereits frühzeitig anhand der Jahresabschlussinformationen erkannt werden können. (1)

Unternehmenskrisen werden gemäß Literatur als zwar beeinflussbare aber in ihrem Ausgang unsichere Prozesse verstanden, die eine hochrangige Bedrohung für den Fortbestand des Unternehmens darstellen können. (2)
Sie können in mehrere Phasen untergliedert werden.
Phase 1: Latente Krise
Sie wird von der Unterenehmensumwelt nicht wahrgenommen und wird auch von vielen Internen oft nicht erkannt.
Phase 2: Manifestierte Krise
In diesem Stadium ist die Krise dem Großteil der Geschäftspartner der Unternehmung bekannt. In diesem Stadium verlieren viele der Geschäftspartner das Vertrauen in das offenkundig problembehaftete Unternehmen. Daraus resultiert dann oftmals sehr restriktives Verhalten, welches die Krise noch weiter verstärkt und die dritte Phase der Unternehmenskrise einläutet.
Dritte Phase: Insolvenz (2)

Wichtigste Warnsignale für eine drohende Insolvenz sind:
- Fluktuation qualifizierter Führungskräfte
- Änderung Rechtsform hin zu haftungsbeschränkenden Formen
- Überalterung Anlagen
- Überdurchschnittliche Abhängigkeit von einer Branche oder einem Groß-Auftraggeber

- Zunehmende Vernachlässigung Rechnungswesen
- Verzicht auf Skontoausnutzung bei vorheriger Inanspruchnahme
- Zahlungszielüberschreitung
- Steigende Qualitätsmängel
- Kreditlinienüberziehung

Dem Controlling kommt im Rahmen der (externen wie internen) Ratingprozesse eine wichtige Aufgabe zu

Daher ist die frühzeitige Erkennung von Krisen durch das Controlling des Unternehmens von hoher Bedeutung was aber auch nach einem entsprechenden Aufbereiten (Verdichten) und Auswerten der Daten verlangt.
Auch die Ausgestaltung des Controllings in den eingeschätzten Unternehmen ist im Rahmen externer Analysen durch Banken und Ratingagenturen ein wichtiger Faktor.
Dem Controlling kommen im Rahmen des Ratings vier wesentliche Aufgaben zu:
- Gegenstand des Ratings
- Verfügungsstellung und Aufbereitung der benötigten Informationen und Daten
- Ein gutes und funktionsfähiges Controlling

beeinflusst positiv (zeitlich mittelbar) die qualitativen und quantitativen Kriterien der anderen Funktionsbereiche
- Unterstützung bei der Verfolgung einer nachhaltigen Erreichung der Ratingziele (3)

Es gibt verschiedene Vorgehensweisen, Unternehmensinsolvenzen rechtzeitig anhand der Jahresabschlussinformationen zu erkennen

Basis der traditionellen Bilanzanalyse bilden die quantitativen Daten, die wert- oder mengenmäßige Größen darstellen.
Ausgangspunkt sind intertemporäre und branchenspezifische Vergleiche.
Die komplexen betrieblichen Strukturen und Prozesse müssen anhand des umfangreichen Datenmaterials verdichtet werden, um mittels resultierender Kennzahlen die Unternehmenslage zu charakterisieren.
Allerdings ist eine reine Kennzahlenrechnung in der Regel nicht ausreichend, insbesondere dann, wenn es

um die frühzeitige Erkennung von Unternehmenskrisen geht. Hierfür bedarf es weiterer Analysen anhand komplexerer, statistischer Verfahren. (2)
Unternehmenskrisen und -zusammenbrüche können mit empirischer, mathematisch-statistischer Insolvenzforschung auf der Basis von Jahresabschlüssen gesunder und kranker Unternehmen analysiert werden. (1)
Im Rahmen der empirischen Insolvenzforschung wurden schon zu Beginn der 60er Jahre des vergangenen Jahrhunderts in den USA mathematisch-statistische Verfahren entwickelt, die basierend auf den Abschlüssen gesunder und kranker Unternehmen eine relativ genaue statistische Trennung von neu zu beurteilenden Unternehmen in "gesunde" und "kranke" Unternehmen ermöglichten. (1)
Aber auch ohne diese komplexen Verfahren der Bilanzanalyse kann die wirtschaftliche Entwicklung eines Unternehmens mittels kreativer Kennzahlen bestimmt werden. (1)
Ziel der Bilanzanalysen ist es, Informationen über die Ertragslage, die Vermögens- und Finanzlage sowie darauf aufbauend die Bestandsfestigkeit des Unternehmens zu erlangen. (1)

Die modernen Verfahren der Bilanzanalyse benötigen mindestens drei der letzten Jahresabschlüsse, um aus dieser Stichprobe Frühwarnklassifikatoren gemäß früherkennender Kennzahlen-Muster und damit objektive Aussagen zu ermöglichen. (1)

Multivariate Diskriminanzanalyse (MDA)

Dieses Verfahren untersucht anhand welcher Variablen (in diesem Falle Jahresabschlusskennzahlen) bestimmte Gruppen besonders gut zu unterscheiden sind. Es kann jedes Unternehmen entweder der Gruppe der gesunden oder der der kranken zugeordnet werden. (1) (5)

Logistische Regressionsanalyse

Es handelt sich hierbei wiederum um ein statistisches Verfahren, bei dem allerdings der Zusammenhang zwischen einer abhängigen Variablen und mehreren unabhängigen Variablen untersucht wird. In Bezug auf die Bilanzanalyse stellt der Zustand des Unternehmens (bestandsfest/bestandsgefährdet) die abhängige Variable dar. Die erklärenden Variablen sind die Bilanzkennzahlen. Der Regressionsansatz ermöglicht eine entsprechende Gewichtung. (1)

Künstliche Neuronale Netzanalyse (KNNA)

Sie stellt eine Technik der Künstlichen Intelligenz dar und verwendet zur Analyse Künstliche Neuronale Netze, die ein Abbild von biologischen neuronalen Netzen darstellen. Künstliche Netze, die sich aus der Psychologie, Biologie, Mathematik, Elektrotechnik, oder anderen naturwissenschaftlichen Disziplinen rekrutieren sind gut geeignet, um die Bonität von Unternehmen zu beurteilen. (1)
Im Falle der Bilanzanalyse ist die Netzausgabe eine Kette von Funktionen, deren zugrunde liegende Variablen Jahresabschlusskennzahlen und deren Verbindungsgewichte sind. (1)

Beispiele für aktuelle Bilanzbonitäts-Indikatoren stellen der BP-14-Klassifikator der DATEV dar, sowie der Moodys RisCalc-Klassifikator. (1)

Weniger komplexe Verfahren zur Beurteilung der wirtschaftlichen Lage eines Unternehmens bedienen sich z. B. jenen "intelligenten" Kennzahlen, die von der KNNA als besonders aussagefähig ermittelt werden. (1)

So dienen auch qualitative Informationen, die aus der verbalen Berichterstattung in Anhang und Lagebericht oder sonstiger verbaler Berichterstattung im Geschäftsbericht ermittelt werden können als gute Grundlage, die quantitativen Daten besser zu analysieren. Mittels semiotischer Analysen, also der Prüfung der Bestimmtheit von Aussagen oder der Intensität der freiwilligen Berichterstattung oder präferierter Wortwahl, können Rückschlüsse qualitativer Art gewonnen werden. (2)

Fallbeispiele

Die Insolvenz der Bankgesellschaft Berlin im Jahre 2001, die den Steuerzahler viel Geld gekostet hat, das Verschwinden von Unsummen bei der Mannheimer Sparkasse, welche ihre im Jahre 1999 aufgelaufenen Verlust von rund 900 Millionen Euro letztendlich auch nicht mehr aus eigener Kraft bewältigen konnte, sind nur einige Beispiele dafür, das auch in staatlicher Hoheit ein stringentes Controlling (eben auch eines der Beteiligungen)
- Informationen über die finanziellen Tendenzen,
- die Erreichung von Zielen sowie
- Entwicklung von Chancen und Risiken

transparent machen müssen.
Bisher passiert dieses häufig (wenn überhaupt) erst nachträglich mit teilweise großer Zeitverzögerung. Deshalb hat die Verwaltung der Stadt Schweinfurt eine Bamberger Beratungsfirma für kommunale Steuerung im April 2002 mit ersten Arbeiten beauftragt eine entsprechende Software zu installieren, die auch unterjähriges Controlling ermöglicht. Die Kosten für die Software betragen rund 30 000 Euro. Sie soll ab dem Herbst diesen Jahres den Erfolg der Beteiligungsunternehmen anhand von Zielkategorien messen wie sie auch in der freien Wirtschaft üblich sind. Es wird ein Rating geben, welches die Informationen aus Bilanz und Gewinn- und Verlustrechnung zu Kennzahlen verdichten wird, die eine Ermittlung des Risikos ermöglichen. (6)

Weiterführende Literatur

(1) Baetge, Jörg / Stellbrink, Jörn, Früherkennung von Unternehmensrisiken mit Hilfe der Bilanzanalyse, Controlling, Heft 4-5/2005, S. 213 222
aus ke - konstruktion + engineering, Heft 2/2005, S. 54-55

(2) Küting, Karlheinz, Erkennung von Unternehmensindikatoren anhand der angewandten Bilanzpolitik, Die angewandte Bilanzpolitik als Krisenindikator, Controlling, Heft 4-5/2005, S. 223-231

aus ke - konstruktion + engineering, Heft 2/2005, S. 54-55

(3) Flacke, Klaus / Siemes, Andreas, Veränderte Finanzierungsrahmenbedingungen für den Mittelstand und dessen Unternehmenscontrolling, Theoretische Betrachtung und empirische Erkenntnisse über den Stand der Umsetzung, Controlling, Heft 4 5/2005, S. 251 - 259
aus ke - konstruktion + engineering, Heft 2/2005, S. 54-55

(4) Arnold, Michael / Spellerberg, Jens, Bewertung des Zahlungsverhaltens als Mittel der Wahl zur Insolvenz-Früherkennung, Controlling, Heft 4 5/2005, S. 295 300
aus ke - konstruktion + engineering, Heft 2/2005, S. 54-55

(5) Schufa BusinessLine (SBL) Kreditrisikobewertung von kleinen Unternehmen spart Millionenbeträge
aus RATING aktuell, Heft 03/2005, S. 26-31

(6) Eine Ampel im Rathaus
aus Frankfurter Allgemeine Zeitung, 04.05.2005, Nr. 103, S. 58

(7) Hoppla, wir sind pleite! Mit den jetzigen Wachstums- und Neuverschuldungsraten steuert Deutschland auf die Insolvenz zu
aus Financial Times Deutschland vom 30.03.2005, Seite 26

Impressum

Basel II und die hohe Zahl von Unternehmensinsolvenzen eröffnen weiteren Handlungsbedarf im Controlling

Bibliografische Information der deutschen Nationalbibliothek

Die Deutsche Nationalbibliothek verzeichnet diese Publikation in der deutschen Nationalbibliografie; detaillierte bibliografische Daten sind im Internet über http://dnb.d-nb.de abrufbar.

ISBN: 978-3-7379-0022-5

© 2015 GBI-Genios Deutsche Wirtschaftsdatenbank GmbH, Freischützstraße 96, 81927 München, www.genios.de

Alle Rechte vorbehalten. Dieses Werk ist einschließlich aller seiner Teile – z.B. Texte, Tabellen und Grafiken - urheberrechtlich geschützt. Jede Verwertung außerhalb der Grenzen des Urheberrechtsgesetzes bedarf der vorherigen Zustimmung des Verlags. Dies gilt insbesondere auch für auszugsweise Nachdrucke, fotomechanische Vervielfältigungen (Fotokopie/Mikroskopie), Übersetzungen, Auswertungen durch Datenbanken oder ähnliche Einrichtungen und die Einspeicherung und Verarbeitung in elektronischen Systemen.